für Kate

Die Geste des Handschlags

in Zeiten der Pandemie, danach und auch ein bisschen davor

Alex Handmann

© 2021 Alex Handmann

Verlag & Druck: tredition GmbH, Halenreie 40-44, 22359 Hamburg

ISBN:
978-3-347-37130-9 (Paperback)
978-3-347-37131-6 (Hardcover)
978-3-347-37132-3 (e-Book)

Bibliografische Information der Deutschen Nationalbibliothek: Die Deutsche Nationalbibliothek verzeichnet diese Publikation in der Deutschen Nationalbibliografie; detaillierte bibliografische Daten sind im Internet über http://dnb.d-nb.de abrufbar.

Inhalt

Was Sie in diesem Buch erwartet

Denken Sie bitte einmal an die schrecklichsten Handschläge, die Sie bisher erdulden mussten. Fällt Ihnen da etwas ein? Bestimmt! Was genau machte diese Handschläge so schlimm? Hatten Sie danach ein taubes oder kribbelndes Gefühl in der Hand, weil Ihr Gegenüber so stark gedrückt hatte, dass sämtliches Blut verdrängt wurde? Dann hatten Sie es mit einem "Schraubstock" zu tun. Oder mussten Sie befürchten, die Hand des Gegenübers bald selbst in der Hand zu halten, weil der Eindruck entstand, dass keinerlei Spannung beim Anderen vorhanden war? Das wäre dann die Kategorie "toter Fisch".

Aber natürlich gibt es noch mehr, was beim Handschlag alles schief gehen kann. Und es gibt auch Mittel und Wege, um möglichst glimpflich aus unangenehmen Handschlag-Situationen zu entkommen. Dieses Buch ist also zugleich Warnung und Anleitung für alle, die ebenfalls vermuten, dass der Handschlag in der Pandemie zwar totge-

sagt wurde, aber doch noch etwas länger leben wird.

Händeschütteln in der Pandemie und danach

Das Jahr 2020 war in vielerlei Hinsicht außergewöhnlich. Vorher selten hinterfragte Umgangsformen mussten plötzlich verändert, ersetzt oder weggelassen werden, der zwischenmenschliche Kontakt war pandemiebedingt nur noch unter unterschiedlichen Auflagen möglich. Als eine der ersten Maßnahmen auf private Initiative hin wurde in vielen Bereichen der Wirtschaft freiwillig auf das Händeschütteln zur Begrüßung und Verabschiedung verzichtet. Statt dessen wurde mit erhobener Hand gegrüßt oder sich freundlich zugenickt.

Die Kampagne „Höflich ohne Hände" beispielshalber wurde erneut relevant, nachdem sie bereits 2009 von einem deutschen Unternehmen ins Leben gerufen worden war. Sie hatte damals das Ziel, die mit der grassierenden „Schweinegrippe" verbundene Ansteckungsgefahr zu verringern und erlebte während der neuen Pandemie ein Revival. Auch die Seite "no-hands.de" wirbt nicht erst seit 2020 dafür, statt des Handschlags doch lieber ein freundliches Lächeln zur Begrüßung einzusetzen.

Anders als zu Zeiten der Schweinegrippe, vermutlich, weil sie nicht ganz so gefährlich war, stand das Thema zwischenmenschlicher Kontakt und Umgangsformen wesentlich stärker im Fokus der Politik und Medien. Es gab die explizite Anweisung, sich anderen Menschen nicht näher als 1,5 Meter zu nähern und allen nicht zwingend nötigen Körperkontakt zu vermeiden. Das heißt, ärztliche Untersuchungen beispielshalber waren zwar noch möglich, auf das Händeschütteln zu Beginn der Untersuchung wurde jedoch verzichtet.

Einigen Menschen kam die neue Vorsicht sicherlich gelegen. So hatten die Maßnahmen zur Eindämmung des neuartigen Coronaviruses auch einen Rückgang anderer Infektionskrankheiten zur Folge. Aus medizinischer bzw. hygienischer Sicht ist es also, und war es auch schon immer, wenig sinnvoll, sich gegenseitig (auch fremden Personen mit denen man sonst keinen Körperkontakt hat) die Hände zu schütteln.

Dennoch war es bis vor wenigen Monaten ein wenig hinterfragtes Begrüßungsritual, das in beinahe jeder sozialen Situation zu Begrüßung und Abschied Anwendung fand. Im Gegenteil, ein Verweigern des Handschlags hätte einen Affront bedeutet - eine ausgestreckte Hand zu ignorieren hätte als grob unhöflich gegolten.

Wie sich nach erfolgreicher Eindämmung der Pandemie das Thema Handschlag entwickeln wird, ist offen. Es wäre allerdings vorstellbar, dass in Zukunft in vielen Alltagssituationen bei Begrüßung und Verabschiedung aus der neuen Gewohnheit heraus auf das Handgeben verzichtet werden wird.

An seine Stelle wird ein höfliches Klopfen auf den Tisch, das bereits angesprochene Lächeln oder Zunicken oder auch Winken treten. In intimeren Situationen, bei Begrüßung und Verabschiedung im Familien- oder Freundeskreis wird sich vermutlich wieder die gleiche Gewohnheit wie vor der Pandemie einstellen - häufig werden es hier Umarmungen und vielleicht Küsschen sein. Diese Zuneigungsbekundungen nehmen zwar ein erhöhtes Infektionsrisiko in Kauf, sind aber auf einen kleinen Personenkreis beschränkt und auf Grund der sozialen Funktion außerhalb der Pandemie kaum wegzudenken.

In weniger alltäglichen Situationen aber, in denen der Handschlag traditionell Bedeutung über die reine Begrüßung hinaus erlangt, wird er wohl in jedem Fall Bestand haben. Beim Vertragsschluss, der Gratulation oder beim Kennenlernen dient der Handschlag zur Bekräftigung der Vereinbarung, der Versicherung des Wohlwollens oder auch des gegenseitigen Abschätzens. Diese Funktionen sind so alt, dass sie nur schwerlich durch ein paar Monate erzwungene Distanz außer Kraft gesetzt werden können. Gesten des Händereichens sind durch Reliefs bereits aus der Antike bekannt und stehen so bereits jahrtausendelang für friedliche Vereinbarungen.

Selbst während der Pandemie wurden in Deutschland Vereidigungen, zum Beispiel von neuen Bürgermeistern, weiterhin mit Handschlag vorgenommen. Auch die Symbolkraft des Händeschüttelns in der Politik und im Sport ist zu mächtig, um zukünftig auf sie verzichten zu wollen. Wer sich die Hände reicht, ist auch zu Verhandlungen bereit, oder zu einem neuen Match. Auch bei einer verlorenen Partie zeigt man Sportsgeist und signalisiert, kein schlechter Verlierer zu sein, in dem man dem Sieger die Hand zur Gratulation reicht. Umgekehrt werden durch den Handschlag auch die Leistungen des Unterlegenen vom Sieger gewürdigt.

Wenn der Handschlag aber zukünftig möglicherweise rarer wird, so wird er allerdings in seiner Bedeutung eher noch gewinnen. Je seltener etwas ist, desto wertvoller und wichtiger wird es. Wenn der Handschlag nicht mehr so häufig zur Begrüßung eingesetzt wird, sondern tendenziell eher zu besonderen Anlässen, so kommt dies einer Aufwertung der Geste gleich. Umso wichtiger mag es erscheinen, auch selbst einen angemessenen Handschlag zu besitzen.

Wie ein angemessener Handschlag aussehen kann, wie man selbst einen erlangt, und was die Wissenschaft dazu sagt, darum soll es unter anderem in den folgenden Kapiteln gehen. Es wird eine Typologie der Handschläge vorgestellt und besprochen, wie man gängige Fallstricke beim Handschlag vermeiden kann. Letztlich wird es auch darum gehen, wie man das Händeschütteln vermeiden kann, soweit das im Rahmen des sozialen Miteinanders überhaupt möglich ist.

Retrospektive zum Handschlag

Seit etwa zwei Jahrhunderten diente der Handschlag nun schon als universelles Begrüßungsritual, das praktisch zu jeder Gelegenheit passend erschien. Das war aber nicht immer so! Bevor der Handschlag üblich wurde, verbeugten sich Menschen voreinander zur Begrüßung, knicksten oder hoben die Hand zum Gruß.

Der berühmte Adolph Freiherr Knigge schrieb noch in der zweiten Hälfte des achtzehnten Jahrhunderts, man müsse sich gut überlegen, wem gegenüber man so persönliche Gesten, wie etwa die rechte Hand zu geben, gebrauchen möge, damit sie sich nicht zu sehr abnutzten. Er plädierte für einen wohl dosierten, sparsamen Einsatz, um besser zwischen Freund und Nicht-Freund zu differenzieren. Im gleichen Atemzug erwähnte er Umarmungen und andere Gesten, die aus heutiger Perspektive deutlich vertrauter scheinen, als der mittlerweile so verbreitete Handschlag.

Geht man noch weiter in der Geschichte zurück, so findet man in verschiedenen historischen Quellen der Neuzeit Hinweise auf die besondere Bedeutung des Handschlags. Verlobungen wurden per Handschlag ausgemacht (so beschrieben z.B. bei Achim von Arno und Clemens Brentano im Jahr 1806). Noch früher, im siebzehnten Jahrhundert, erfolgte die Einschreibung an der Universität mit gleichzeitiger Bestätigung der Befolgung aller Universitätsregeln per Handschlag oder Eid. Eberhard Werner Happel beschreibt in seinem "Academischen Roman" die besondere Bedeutung dieser Geste, die knapp hinter dem Eid rangiert.

Es ist also interessant zu sehen, dass sich im Hinblick auf den Handschlag eine gewisse Art der Inflation und damit im großen Teil der Kontexte eine Verminderung der Bedeutungsschwere ereignet hat. Natürlich bleibt abzuwarten, ob diese Tendenz durch die Pandemieerfahrung wirklich gebrochen werden wird, oder ob sie sich fortsetzt oder sogar verstärkt - nämlich durch einen gesteigerten Gebrauch eben der vormalig ähnlich vertraulichen Gesten wie der Umarmung, oder Küsschen. Diese waren in den letzten

Jahrzehnten noch vorrangig der Familie und dem engeren Freundeskreis vorbehalten. Es zeigten sich aber in den Jahren vor der Pandemie eine Ausweitung auch in den geschäftlichen Kontext. Getrieben durch die Internationalisierung (man denke zum Beispiel an französische Begrüßungsrituale) und aufweichende geschäftliche Umgangsformen im Allgemeinen, waren mehr und mehr Umarmungen und vormalig eher intime Begrüßungsrituale auch unter Kollegen und sogar Geschäftspartnern zu finden. In gewisser Weise kann man hier einen Gegenpol zu den ansonsten stärker formalisierten, juristisch wasserdichten, bis ins kleinste geregelten Geschäftsbeziehungen sehen, der vielleicht als menschlicher Ausgleich dienen sollte.

Trotz der in den letzten beiden Jahrhunderten vor der Pandemie alltäglich gewordenen Begrüßungsgeste mit Handschlag hat der Handschlag in besonderen Kontexten weiterhin besondere Bedeutung. Er verleiht einer Absprache mehr Gewicht, er bekräftigt auf symbolische Art das Ausgesprochene und schafft zusätzliche Verbindlichkeit.

In einem Feld hat der Handschlag allerdings bereits jetzt den Rückzug angetreten:

In schriftlichen Grußformeln ist es schon lange nicht mehr üblich, zusätzlich zu abstrakten "freundlichen", "vielen", "lieben" oder "besten" Grüßen auch einen Handschlag niederzuschreiben. Bis zum Anfang des letzten Jahrhunderts wurden durchaus Briefe unterschrieben mit "mit Gruß und Handschlag".

Einzig in einer Abwandlung kann man Ähnliches noch mit einer gewissen Verbreitung, wohl hauptsächlich im amerikanisch geprägten Umfeld finden: Die Grußformel "XOXO", die sinnbildlich für Küsschen und Umarmungen steht. Das "X" soll den zum Küsschen gespitzten Mund symbolisieren, das "O" die zur Umarmung geschlossenen Arme.

Ähnlich selten ist die Grußformel "Mit Gruß und Kuss" - auch diese wird eher im privaten Umfeld gebraucht. Dass explizit der Handschlag als schriftlicher Gruß verwendet wird, ist mittlerweile nicht mehr gebräuchlich.

Funktionen des Hand-schlags

Auch wenn der Handschlag zur Begrüßung nach den geteilten Pandemieerfahrungen in seiner Frequenz vielleicht zurückgehen wird, wird er auch in dieser Alltagsfunktion vermutlich nicht in jedem Freundes- oder Bekanntenkreis gänzlich aufgegeben werden. Mit dem Reichen der Hand wird neben der allgemeinen Begrüßungsgeste durchaus noch mehr vermittelt. Außer dass es das Gegenüber wert ist, überhaupt begrüßt und beachtet zu werden, zeigt man auch, dass man nicht vor Körperkontakt zurückscheut und drückt zumindest seinen grundlegenden Respekt aus. Wer mit Handschlag begrüßt wird, ist ebenbürtig, teil der Peer Group oder zumindest nicht allzu weit davon entfernt.

Idan Frumin und Kollegen erforschten vor einigen Jahren die Übertragung von chemischen Signalen über den Handschlag. Sie beobachteten, wie sich Menschen, die sich unbeobachtet glaubten, nach dem Handschlag zur Begrüßung durch einen Experimentator entweder die linke oder rechte

Hand zur Nase führten und merklich die Luft einsogen. Beim Händeschütteln mit einer Person des gleichen Geschlechtes wurde häufiger die rechte Hand beschnuppert, beim Händeschütteln mit dem anderen Geschlecht die linke Hand. Die Autoren geben als mögliche Interpretation an, beim eigenen Geschlecht die chemischen Signale des Gegenübers aufnehmen zu wollen, beim anderen Geschlecht hingegen die eigenen chemischen Signale überprüfen zu wollen. All das natürlich unbewusst.

Die Studie wurde sehr gründlich an über 150 Personen durchgeführt, was die Ergebnisse durchaus interessant macht. Auch wenn es im Alltag bisher nicht immer direkt augenscheinlich gewesen sein sollte, dass sich Personen explizit nach dem Handschlag ins Gesicht fassen, lohnt sich ab jetzt wohl ein näherer Blick auf dieses Verhalten. Entsprechende sehr schwache "Geruchsproben" lassen sich natürlich noch einfacher während einer Umarmung oder Küsschen sammeln. Wenn es die Beziehung aber nicht zulässt, könnte ein nachträgliches Beschnuppern der Hand entsprechend der Meinung der Forscher ebenfalls noch unbewusst Informationen über den Anderen geben.

Eine wichtige Funktion des Handschlags, und zwar eine, die seltener benötigt wird als die zur reinen Begrüßung, ist die Geste der Versöhnung. Sie wiegt gleichsam wesentlich schwerer. In unserem Kulturkreis werden schon Kinder nach dem Streit aufgefordert, "sich die Hand zur Entschuldigung zu geben". Diese Geste verliert im Erwachsenenalter nicht an Bedeutung, sondern gewinnt eher. Adolph Freiherr Knigge sagte dazu schon, man solle sich nie zweimal die Hand zur Versöhnung reichen lassen - gemeint ist, bei ernsthaftem Entschuldigungsversuch auch direkt darauf einzugehen und dem anderen nicht eingeschnappt die Versöhnung zu verweigern.

In der Bedeutung ähnlich ist der Handschlag beim Sport. Vorrangig handelt es sich um eine Gratulation, die nach erfolgtem Wettkampf dem Sieger überbracht wird. Der Verlierer drückt aber auch Sportsgeist aus, indem er zeigt, dass er dem anderen seinen Sieg gönnt, und - ähnlich wie bei der Versöhnung - nicht eingeschnappt ist, weil er verloren hat. Durch die gereichte Hand wird die Interaktion fortgesetzt und die zwischenmenschliche Beziehung auf Augenhöhe weitergeführt. Der Handschlag hat damit integrierende Bedeutung.

Auch im nicht-sportlichen Kontext wird gerne die Hand zur Gratulation gereicht. Bei beruflichen oder akademischen Erfolgen, zum Geburtstag oder zur Hochzeit, um nur einige Beispiele zu nennen, wird dem Glückwunsch per Handschlag Nachdruck verliehen. Der Gratulant würdigt den Jubilar mit dieser Geste und drückt sein Wohlwollen aus. Grundsätzlich dient der Handschlag also zur Bekräftigung der zum Anlass passenden Worte, geht in seiner Funktion aber darüber hinaus und schafft auch soziale Verbindlichkeit.

Juliana Schröder und ihre Forscherkollegen untersuchten 2019, wie sich Händeschütteln auf nachfolgende Verhandlungen auswirkte. Sie kam zu dem Ergebnis, dass Verhandlungen, die nach einem Handschlag erfolgten, das bessere gemeinsame Verhandlungsergebnis erzielten. Diesen Effekt führen die Forscher darauf zurück, dass die Versuchspersonen dem jeweils anderen stärker kooperative Absichten unterstellten, wenn er vorher die Hand gereicht hatte.

Diese Unterstellung führte dazu, dass sie selbst ebenfalls kooperativer agierten.

Aufgrund der Annahme der Kooperationsbereitschaft und damit gesteigerter eigener Kooperationsbereitschaft waren die nachfolgenden Verhandlungen also insgesamt erfolgreicher. Diese Studie zeigt sehr schön die Bedeutung des Handschlags, die über eine reine Formsache hinaus geht. Tatsächlich stiftet diese Geste ein gewisses Maß an Vertrauensvorschuss. Wer sich also noch nicht kennt, sollte auch zukünftig beim Kennenlernen nicht darauf verzichten.

Beim erstmaligen Händeschütteln beim Kennenlernen einer neuen Person dient der Handschlag durchaus auch zum ersten Abschätzen des Gegenübers. Der so wichtige erste Eindruck wird aus der äußeren Erscheinung, den wenigen Begrüßungsworten und eben auch dem Händeschütteln gebildet. Hat die Person einen mir angenehmen Handschlag? Dann ist sie mir gleich ein Stück sympathischer. Oder ist irgendetwas unangenehm? Das hätte dann wiederum den gegenteiligen Effekt. Greg Stewart und seine Forscherkollegen beschrieben 2008 in einer Studie, dass im experimentellen Setting sogar Einstellungsentscheidungen statistisch mit der Qualität des Handschlags zusammenhingen. Sie untersuchten, wie sich Interviewer nach einem Bewerbungsgespräch für oder gegen einen Bewerber entscheiden und konnten feststellen, dass die empfundene Qualität des Handschlags einen Unterschied macht.

Nicht jeder achtet natürlich so explizit auf jeden Handschlag, vor allem wenn es ein angenehmer oder durchschnittlicher Handschlag ist. Ein unangenehmer Handschlag allerdings wird aber in jedem Fall auffallen. Natürlich wird der erste Eindruck sich über die Zeit bestätigen oder auch nicht, aber Menschen neigen dazu, tendenziell eher Indizien zu sammeln, die die eigene Meinung stützen. Umso wichtiger ist es, dass der erste Eindruck nicht negativ, sondern im optimalen Fall sogar positiv ist.

Negativ im Gedächtnis können besonders feuchte Händedrücke bleiben, unangenehm feste oder, je nach Geschmack, auch merkwürdig lasche Handschläge. Ein subjektiv ewig lange dauernder Handschlag wird ebenfalls nicht als angenehm empfunden werden. Jetzt stellt sich die rein rhetorische Frage: Wollen Sie wirklich den so wichtigen ersten Eindruck durch einen unnötigerweise mangelhaften Händedruck beflecken? Natürlich nicht. Glücklicherweise gibt es Mittel und Wege, den eigenen Händedruck zu überprüfen und bei Bedarf zu optimieren.

Wenn Ihr Handschlag in Zukunft in Erinnerung bleiben wird, dann bitte nur noch, weil er so überdurchschnittlich angenehm und sympathisch war. Wie Sie dorthin gelangen, erfahren Sie im Kapitel "Der angenehme Handschlag". Was Sie zum Beispiel gegen feuchte, kalte oder schmutzige Hände unternehmen können, bzw. wie Sie den Umgang mit ihnen optimieren, im entsprechenden Kapitel "Der unangenehme Handschlag".

Handschlagtypen

Bevor wir uns dem Feinschliff und der Optimierung Ihres persönlichen Handschlags widmen, ein paar warnende Worte vorneweg. Was sollte beim Thema Handschlag tunlichst vermieden werden? Wie würden Sie, um paradox zu fragen, händeschüttelnd Ihren Misserfolg maximieren?

Auch wenn die folgenden Beschreibungen bitte als mit einem Augenzwinkern geschrieben zu verstehen sind, ist sicherlich der ein oder andere wahre Kern in der scherzhaften Typologie zu finden.

Handschlagtyp I: Der Grüßonkel

Der Grüßonkel steht am Eingang einer Veranstaltung, gerne einer politischen, und schüttelt jedem Hinzukommenden ausgiebig die Hand. Meistens zu lange, meistens zu intensiv, und immer mit vollem Körpereinsatz. Der Oberkörper ist nach vorne gebeugt, individuelle Bedürfnisse nach körperlichem

Abstand werden geflissentlich ignoriert. Nicht immer ist es leicht, sich aus den Fängen des Grüßonkels zu befreien, vor allem, wenn man die Höflichkeit wahren möchte. Hilfreich ist es beim Loslösen, jemand Weiteres begrüßen zu wollen - das versteht der Grüßonkel nämlich selbstverständlich.

Woran erkennen Sie, ob Sie ein Grüßonkel sind?

Neben dem Offensichtlichen, nämlich Ihrer Position am Zutritt zum Gebäude oder Raum, den Sie erst mit Beginn des offiziellen Programms verlassen, gibt es noch weitere Indikatoren dafür, dass Sie selbst sich der Gruppe des Grüßonkels zurechnen können: Ihr Gegenüber schielt aus den Augenwinkeln zur Seite und wirkt unerklärlicherweise etwas nervös, die Antworten werden immer einsilbiger und an Ihrer ausgestreckten Hand ist ein leichter Zug zu spüren - zumindest wenn Sie genau darauf achten.

Was tun?

Wenn Sie festgestellt haben, dass Sie eventuell ein Grüßonkel sein könnten, gehen Sie wie folgt vor: Wagen Sie sich vom Eingang weiter in den Raum vor, geben Sie beherzt, aber kurz die Hand und lassen Sie dann wieder los. Achten Sie auf einen Abstand zum Gegenüber von etwa einem Meter. Das erreichen Sie, wenn Sie Ihren Arm im Ellenbogen etwa im Winkel von 140° halten. Jeder kleinere Winkel birgt die Gefahr, dass Sie das Gegenüber heranziehen oder selbst zu nah herantreten.

Handschlagtyp II: Der Schraubstock

Der Schraubstock macht seinem Namen alle Ehre. Die Finger sind hart wie Stahl, der Griff unerbittlich. Die Hand des Gegenübers wird solange gequetscht, bis eine Regung im Gesicht das Unbehagen anzeigt. Manchmal noch etwas darüber hinaus, weil es gerade so schön ist. Frühe Fluchtversuche werden im Keim erstickt. Niemand entkommt dem Schraubstock, zumindest nicht, solange es dieser nicht will. Der Umgang mit dieser Situation ist nicht trivial. Versucht man, Feuer mit Feuer zu bekämpfen, und drückt auch fester, sieht der Schraubstock das als Bestätigung und drückt ebenfalls wieder fester. Das Aufrüsten wird dann nur noch durch die Körperkraft des Schwächeren begrenzt.

Subtile Winke, wie den eigenen Händedruck abzuschwächen, um die gleiche Reaktion beim Schraubstock hervorzurufen (ein Appell an die Rest-Höflichkeit), sind vergebliche Liebesmüh. Auf diese Art riskiert man nur, aufgrund der eigenen nachlassenden Muskelspannung, dass die dann quasi ungeschützte Hand schmerzhaft zusammengeschoben wird. Der beste Umgang ist es, den Druck der eigenen Hand konstant zu halten (zum Selbstschutz ohne Provokation) und so schnell es geht wieder zurückzuziehen. Damit lässt sich noch am ehesten Schlimmeres vermeiden. Zeigen Sie dem Schraubstock ruhig durch Stirnrunzeln oder verbal, was Sie von seinem Handschlag halten.

Woran erkennen Sie, ob Sie ein Schraubstock sind?

Generell haben Sie den Eindruck, von Schwächlingen umgeben zu sein. Niemand, den Sie kennen, besitzt einen ordentlichen Händedruck. Viele der Sie umgebenden Feiglinge verziehen das Gesicht, wenn Sie sie begrüßt haben. Nach dem verheerenden ersten Eindruck dauert es meistens lange, bis andere Personen mit Ihnen warm werden, falls sie überhaupt jemals mit Ihnen warm werden.

Was tun?

Üben Sie sich in Rücksicht. In einer zivilisierten Umgebung gilt nicht das Recht des Stärkeren. Sparen Sie sich also derartige Beweise.

Handschlagtyp III: Der tote Fisch

Der tote Fisch reicht niemandem die Hand, er hält sie zufällig und lose in der Luft herum. Was mit dieser Hand passiert, untersteht nicht seinem Einfluss. Meistens wird sie jedoch geschüttelt. Zumindest zunächst - bevor mit einer Mischung aus Erschrecken und Überraschung der tote Fisch wieder in die Freiheit entlassen wird.

Zurück bleibt ein Gegenüber, das sich fragt, ob mit dem Träger der Fischhand alles in Ordnung ist. Er könnte ja gleich umkippen, kraftlos in sich zusammensacken. Oder aber völlig abgelenkt sein und so etwas Nebensächlichem wie demjenigen, der gerade Begrüßt wird, natürlich keine Beachtung schenken.

Wenn man es mit einem toten Fisch zu tun hat, sollte man seinen eigenen Handschlag blitzartig in der Intensität nach unten korrigieren. Andernfalls könnte man es schnell mit einem vorwurfsvollen Fischbrei zu tun bekommen.

Woran erkennen Sie, ob Sie ein toter Fisch sind?

Wenn Ihr Gegenüber Sie verwundert anschaut, nachdem er Ihre Hand losgelassen hat, ist das ein deutliches Zeichen dafür, dass Sie Ihren Handschlag mit Hilfe einer dritten vertrauten Person überprüfen sollten. Aber nicht jeder zeigt seine Gefühlsregungen so deutlich sichtbar. Die indirekte Methode zur Erkenntnis ist da zuverlässiger: Wenn Sie bei jedem anderen, ausnahmslos, den Eindruck gewinnen, es mit einem Schraubstock zu tun zu haben, sind Sie mit hoher Wahrscheinlichkeit ein toter Fisch.

Was tun?

Trauen Sie sich was! Sie werden niemandem wehtun, wenn Sie etwas fester zudrücken. Im Gegenteil, Sie vermitteln mit einem angemessen festen Händedruck eher, den anderen auch ernst zu nehmen. Denn die Interpretation Ihrer Fischhand könnte ja unter Umständen, wie gerade beschrieben, sein, dass Sie gerade völlig mit den Gedanken an anderer Stelle sind. Ihr Gegenüber wird sich durch einen mittelfesten Händedruck dementsprechend sogar noch mehr wertgeschätzt fühlen! Natürlich sollten Sie keinesfalls übertreiben und quasi überkompensieren. Passen Sie also auf, nicht durch Übereifer zum Schraubstock zu mutieren! Üben Sie ruhig mit einem Freund und nehmen Sie sein Feedback ernst, wie im nächsten Kapitel beschrieben.

Handschlagtyp IV: Der NLPler

Der NLPler interessiert sich für die Kunst der Manipulation. Er hat mindestens ein, wahrscheinlich aber mehrere Seminare zum Thema "Neurolinguistisches Programmieren" besucht, in dem ihm spannende Inhalte vermittelt wurden, wie man am effektivsten seine Mitmenschen zu seinen Gunsten beeinflusst.

Das schlägt sich auch in der Art und Weise nieder, wie er anderen Menschen die Hand gibt. Es reicht nämlich in seinen Augen nicht mehr, einfach nur eine Hand zu reichen und sich dabei vielleicht noch etwas Mühe zu geben. Nein. Er muss die zweite Hand, also die Linke, ebenfalls mit einsetzen, und greift zusätzlich noch an den Unterarm oder Ellenbogen des Gegenübers. Er ist überzeugt davon, dass dieses Verhalten das Vertrauen ihm gegenüber auch von Unbekannten von Null auf Hundert katapultiert.

Tatsächlich liegt die Grenze zum "zu viel des Guten" sehr nahe. Es ist gut, sich um seine Mitmenschen zu bemühen. Wenn das allerdings zu bemüht geschieht, tritt leicht der gegenteilige statt der gewünschte Effekt ein. Wenn Sie merken, es mit einem NLPler zu tun zu haben und die zusätzliche Berührung als unangenehm empfinden, brechen Sie den Handschlag ruhig frühzeitig ab. Niemand muss sich ungewollt betatschen lassen.

Woran erkennen Sie, dass Sie ein NLPler sind?

Wenn Sie ein NLPler sind, dann wissen Sie das, und ihr Portemonnaie weiß es auch. Entsprechende Seminare sind, auch wenn ihr Inhalt meist trivial ist, schlicht und ergreifend überteuert.

Was tun?

Entspannen Sie sich. Sie waren schon ok, bevor sie mit NLP angefangen haben. Ja, vielleicht gab es den einen oder anderen Denkanstoß, der Sie näher zu sich selbst geführt hat. Wunderbar! Ein bisschen Selbstreflektion hat noch nie geschadet. Aber bitte sehen Sie davon ab, die erlernten Methoden an anderen Menschen auszuprobieren. Wenn man Sie dabei ertappt, wäre es eher peinlich.

Der angenehme Hand-
schlag

Über den Handschlag wurde jetzt schon viel gesagt: Nicht zu lasch sollte er sein, auch nicht zu fest. Im Allgemeinen heißt es, das eine stünde für eine schwache Persönlichkeit, das andere für Kontrollzwang. Auch wenn derartige übertriebene und starre charakterliche Zuweisungen Unsinn sind, gibt es zumindest vereinzelte empirische psychologische Forschungsergebnisse zu dem Thema.

Eine Studie von Dr. William Chaplin, einem amerikanischen Psychologen, aus dem Jahr 2000 konnte einen Zusammenhang zwischen einem eher festen Handschlag und Extraversion zeigen, also der Neigung, offen auf andere Personen zuzugehen und optimistisch mit ihnen zu interagieren. Der feste Handschlag war auch eher bei Personen zu finden, die ihren Gefühlen gekonnt Ausdruck verliehen, nicht schüchtern waren und weniger Tendenzen zu Ängstlichkeit, Traurigkeit und emotionaler Labilität zeigten.

Gemäß der Studie steht ein eher fester Handschlag bei Frauen außerdem im Zusammenhang mit der Offenheit gegenüber neuen Erfahrungen (was übrigens wiederum im Zusammenhang mit Intelligenz steht).

Die Art des Handschlags zeigte sich auch als im Allgemeinen zeitlich stabil, also über mehrere Situationen und Beobachter hinweg gleich. Das soll aber nicht bedeuten, dass wir mit einem Handschlag geboren werden und für immer mit ihm leben müssen! Nachdem unsere Aufmerksamkeit einmal auf das Thema gelenkt wurde, lässt sich ein suboptimaler Handschlag selbstverständlich verbessern, wenn gewünscht.

Darüber hinaus kann man davon ausgehen, dass ein Handschlag, ausgehend vom individuellen Normalniveau, sich auch in besonderen Situationen, zum Beispiel unter Nervosität, leicht verändern wird. Die hier genannte Studie beschreibt Handschläge in wenig besonderen Situationen, es handelte sich um Begrüßungs- und Verabschiedungssituationen mit geringer persönlicher Bedeutung für die Studienteilnehmer.

Die Studie untersuchte interessanterweise auch, welcher erste Eindruck von den Studienteilnehmern hinterlassen wurde, und konnte einen Zusammenhang zwischen bestimmten Merkmalen des Handschlags und der erweckten Sympathie zeigen. Teilnehmer mit festem, längerem Handschlag, der die andere Hand vollständig umschließt und der mit Augenkontakt einhergeht, wurden unter anderem als gewissenhafter, verträglicher, emotional stabiler, weniger schüchtern und offener eingeschätzt. Diese Einschätzung durch andere deckte sich im Allgemeinen auch durch Selbsteinschätzung der Studienteilnehmer.

Es ist also empirisch bestätigt, was die Literatur zum Thema Etikette schon lange propagiert: Der Handschlag ist ein wichtiger Faktor für einen guten ersten Eindruck. Dabei ist der Eindruck besser, wenn der Handschlag eher fest ausfällt.

Neben der Intensität sind aber, wie gerade angeklungen, auch noch weitere Faktoren maßgeblich, wenn man es auf einen für alle Beteiligten angenehmen Handschlag anlegt. Als typischerweise angenehm empfunden werden Handschläge mit einer gewissen

Stärke, Dauer und Dynamik, auf die ich im Folgenden eingehen werde.

In jedem Fall gehört zu einem Handschlag der Augenkontakt! Wer große Probleme mit Augenkontakt hat, kann ersatzweise auf die Stelle zwischen den Augen des anderen sehen. Dann hat der andere zumindest den Eindruck, angesehen zu werden. Ich empfehle aber in jedem Fall den "echten" direkten Augenkontakt, da einem ansonsten eine Menge Informationen, die im Blick des Gegenübers liegen, verloren gehen.

Ebenfalls beachtet werden sollte ein komplettes Greifen der anderen Hand. Vermeiden Sie es, nur die Finger zu umfassen und greifen Sie immer so weit vor, dass sich die beiden Daumen ebenfalls berühren.

Im Allgemeinen wird ein mittelfester, mittellanger Handschlag als angenehm empfunden. Es sollte nicht, wie oben beschrieben, das Gefühl eines toten Fisches entstehen, den man gerade schüttelt, auch nicht der Eindruck man ringe mit einem Ertrinkenden, der nicht mehr bereit ist, loszulassen (Stichwort "Schraubstock"). Alles dazwischen ist angenehm und somit akzeptabel.

Es gibt diese "Schraubstock"-Erlebnisse der besonderen Art, bei denen ein (hoffentlich möglichst entfernter) Bekannter die eigene Hand förmlich in den Schraubstock zwingt, übermäßig fest drückt und auch nicht sofort loslässt, also eine Zeit lang klammert. In diesen Momenten fragt man sich sofort, was das soll. Es ist wirklich nicht angenehm und bleibt aufgrund der Extreme längere Zeit in Erinnerung, was für etwas so Alltägliches wie den Handschlag durchaus etwas zu bedeuten hat. Derartiges Verhalten hat zur Folge, dass man mit dieser Person, unabhängig davon wie sie ansonsten auftritt, zunächst etwas Rücksichtsloses verbindet.

Man sollte also beim Handschlag, wie auch bei jeder anderen Form der Berührung, die Integrität seines Gegenübers wahren. Ein Handschlag, der zum einen schmerzhaft fest ist, und zum anderen freiheitsberaubend, erfüllt dieses Kriterium in doppelter Hinsicht nicht.

Der besagte "tote Fisch" ist leider ebenfalls ein Phänomen, das meiner Erfahrung nach sogar häufiger vorkommt als der "Schraubstock". Wenigstens kann hier niemand behaupten, die Berührung sei schmerzhaft oder freiheitsberaubend. Das heißt aber noch lange nicht, dass sie auch angenehm ist. Wenn der Eindruck entsteht, die sehr schlaffe Gliedmaße könne sich ebenso gut im nächsten Moment vom restlichen Körper seines Gegenübers lösen, erweckt das unter Umständen eine Mischung aus erhöhter Wachsamkeit und Mitleid. Überlegen Sie sich gut, ob Sie diese Gefühle auslösen wollen.

Wie fest also ist mittelfest, und wie lange ist mittellang? Ich möchte Sie dazu anhalten, das aus zwei Perspektiven zu betrachten: Zum einen, so fest und lang wie Sie mögen, und zum anderen, so fest und lang wie die andere Person mag. Wenn Sie beide Perspektiven berücksichtigen, ist es sehr unwahrscheinlich, dass sie aus der Bandbreite von "angenehm" herausfallen. Selbst wenn Sie ein heimlicher "toter Fisch" oder unbewusster "Schraubstock" sein sollten, weil das nun einmal ihren bevorzugten Muskeltonus und favorisierte Zeitlänge beinhaltet, können Sie durch die Integration der zweiten Perspektive zur goldenen Mitte hin korrigieren.

Finden Sie also zunächst heraus, was Sie eigentlich selbst als angenehmen Handschlag empfinden. Schütteln Sie gerne einmal die linke Hand mit ihrer Rechten. Konzentrieren Sie sich dabei aber unbedingt auf das Empfinden in der Linken! Wenn sie gequetscht wird, drücken Sie eventuell zu stark. Wenn Sie die Linke kaum richtig umfassen und beide Hände nur schlaff gegeneinander prallen, drücken Sie nicht stark genug.

Bitte beachten Sie bei dieser Übung, dass die linke Hand normalerweise wenig Gegendruck bietet, weil Sie es nicht gewohnt sind, sie zum Schütteln einzusetzen. Das heißt, es handelt sich hierbei nur um eine erste Indikation, die es in der Realsituation zu verifizieren gilt. Üblicherweise sind Sie auf der sicheren Seite, wenn Sie bei dieser Übung eher leicht zu fest drücken, als zu wenig.

Generell sind zwei bis drei Schüttelbewegungen angenehm. Weniger wirkt zu unverbindlich, mehr zu aufdringlich. Finden Sie hier ihr bevorzugtes Tempo, aber, dazu kommen wir gleich auch noch ausführlicher, achten Sie auch auf ihr Gegenüber.

Achten Sie im nächsten Schritt verstärkt darauf, welchen Muskeltonus und welche

Schüttelgeschwindigkeit beziehungsweise -dauer Sie bei der Begegnung mit anderen Menschen als angenehm empfinden. Versuchen Sie, sich selbst so gut es geht diesem Idealbild anzunähern. Jede neue Begegnung bietet also eine Gelegenheit für Sie, ihren Handschlag zu perfektionieren.

Über Ihre eigene Perspektive sollten Sie sich jetzt im Klaren sein. Sie wissen, was Sie bei anderen bevorzugen und verhalten sich selbst auch dementsprechend. Aber, wie bereits erwähnt, schützt Sie das nicht vor der Möglichkeit, dass Sie einen sehr besonderen Geschmack haben, und andere Personen andere Vorlieben haben könnten. Damit auch für diese Personen ein Handschlag mit Ihnen angenehm ist, und das sollte Ihr Ziel sein, gilt es nun, gleichzeitig zum Händeschütteln, den eigenen Muskeltonus, die Geschwindigkeit und Dauer, an das Gegenüber anzunähern. Ich schreibe absichtlich anzunähern, nicht anzupassen. Hier liegt der feine, aber wichtige, Unterschied zwischen rücksichtsvollem, empathischem Verhalten und Opportunismus. Ihre Ausgangsbasis ist ihr persönlicher, favorisierter Handschlag. Die Modulation, die Sie vornehmen, ist eine Höflichkeit. Wie weit Sie modulieren, also wie höflich Sie sein wollen, obliegt Ihrer Entscheidung. Ich empfehle Ihnen, Ihrem Gegenüber ungefähr auf halber Strecke entgegenzukommen. Vor allem, wenn es die erste Begegnung ist.

Der Muskeltonus ist verhältnismäßig einfach anzunähern. Je stärker der andere drückt, desto stärker wird auch der eigene Handschlag. Genauso umgekehrt. Je schwächer die andere Person zufasst, desto schwächer fasse auch ich zu. Die Dauer erfordert etwas mehr Fingerspitzengefühl, im wahrsten Sinne des Wortes. Achten Sie auf kleine Signale in der Hand des Gegenübers. Nimmt der Muskeltonus des Anderen merklich ab, lassen Sie die Hand los. Es ist ein eindeutiges Zeichen, dass der Handschlag für das Gegenüber beendet ist. Wenn Sie die Hand hier künstlich weiter fassen, kommen Sie in die Kategorie "Schraubstock" beziehungsweise "Grüßonkel".

Im entgegengesetzten Fall, wenn Sie den Handschlag beenden wollen, das Gegenüber aber nicht reagiert, gönnen Sie der offenbar etwas unsensiblen Person eine weitere Schüttelbewegung und ziehen Sie Ihre Hand dann aktiv zurück. Wer bereit ist, Rücksicht zu geben, ist doppelt berechtigt, auch Rücksicht einzufordern.

Wenn Sie diese Hinweise beachten, wird Ihr Handschlag von anderen Personen als angenehm empfunden werden. Wie bereits geschildert, strahlt die Wirkung eines angenehmen Handschlages durchaus über die eigentliche Sache hinaus. Sie werden also positiver eingeschätzt werden, wenn Ihr Handschlag sympathisch ist.

Selbstverständlich wird ihr charakteristischer Handschlag, den Sie jetzt nach allen Regeln der Kunst entworfen haben, nicht statisch und unveränderlich sein. Wie fast alles im Leben wird er mit ihrer Gefühlslage leicht variieren, mal schneller, mal kürzer sein, mal fester, mal lascher. Das ist auch völlig in Ordnung und darüber hinaus auch durchaus erwünscht. Er gibt ihrem Gegenüber ein unbewusstes Signal darüber, wie es Ihnen nun einmal gerade geht, und damit auch die Gelegenheit, sich darauf einzustellen.

Genauso verhält es sich umgekehrt. Wenn Sie eine gewisse Zeit damit verbracht haben, die Qualität von Handschlägen zu durchdenken, werden auch Sie, allerdings dann in bewusster Art und Weise, einiges aus dem Handschlag ihres Gegenübers lesen können. Aber bitte verallgemeinern Sie nicht, wie zu Beginn des Kapitels beschrieben. Der Referenzpunkt für beispielsweise den Muskeltonus ist der übliche Muskeltonus der betreffenden Person, nicht unbedingt der für Sie angenehme. Das heißt, wenn jemand schlaffer als sonst die Hand gibt, können Sie daraus schließen, das etwas gerade anders ist. Die Person könnte abgelenkt sein, verstimmt, erschöpft. Wenn Sie aber zum ersten Mal die Hand einer Person schütteln, sind derartige Vermutungen nicht zulässig - die Person könnte ja generell sehr schlaff die Hand geben.

Unterschiede im Handschlag bei Männern und Frauen

Die bereits erwähnte Studie zum Handschlag von Dr. William Chaplin konnte zeigen, dass Frauen in der Regel weniger fest die Hand geben als Männer. Ein fester Handschlag war allerdings generell mit einem besseren ersten Eindruck verknüpft. Wenn man sich jetzt die Frauen genauer betrachtete, die einen besonders festen Handschlag hatten, so wurde ihr erster Eindruck sogar besser bewertet als bei Männern mit besonders festem Handschlag.

Aus diesem Forschungsergebnis lässt sich laut dem Autor folgende Handlungsempfehlung für Frauen ableiten: Wer sich selbst möglichst vorteilhaft präsentieren möchte, zum Beispiel im Bewerbungsgespräch, sollte gerade als Frau auf einen festen Händedruck achten. Diese Form des selbstbewussten Auftretens ist, anders als andere Formen der Selbstdarstellung, für Frauen nicht mit negativen Folgen im Hinblick auf die Einschätzung durch das Gegenüber verbunden.

Der unangenehme Hand-schlag

Neben den direkten verhaltensbezogenen Fehlern, die beim Ausüben eines Hände-drucks passieren können, gibt es allerdings auch noch andere Rahmenbedingungen, die einen Handschlag unangenehmer machen können, als nötig. Bei physiologischen Zuständen lässt sich nicht so leicht eine Veränderung herbeiführen, wie beispielsweise bei der Anpassung des Drucks. Das heißt aber nicht, dass man gar nichts tun könnte, oder dass es nicht zumindest Mittel und Wege gibt, möglichst gut mit der Situation umzugehen.

Die Schweißhand

Was ist zum Beispiel zu tun, wenn man unter fürchterlich verschwitzten Händen leidet? Nicht immer fällt es auch anderen auf, wenn man selbst die Hand als schwitzig empfindet. Fragen Sie also zunächst eine Vertrauensperson und geben Sie einmal testweise die Hand. Bitten Sie um ehrliches Feedback, keine Schönfärberei aus Freundlichkeit! Wenn Ihre Vertrauensperson nichts bemerkt: Vergessen Sie die Angelegenheit. Es ist einfach nicht so schlimm und wird auch sonst niemandem auffallen. Falls Ihre Vertrauensperson aber Ihren Verdacht bestätigt, gilt es, tätig zu werden.

Besuchen Sie zunächst Ihren Hausarzt und schildern Sie das Problem. Er kann abklären, ob ein generelles gesundheitliches Problem zugrunde liegt. Falls Sie sich noch in der Pubertät oder schon in den Wechseljahren befinden, lehnen Sie sich entspannt zurück. Vermutlich sind Ihre Schweißhände hormonell bedingt und werden von alleine trocken, sobald die entsprechende Zeit vorüber ist. Hier heißt es also, sich in Geduld zu üben.

Ähnlich ist es, wenn die Ursache starkes Übergewicht ist. Bis eine Ernährungsumstellung und eine Änderung der Lebensführung (zum Beispiel im Hinblick auf Sport) greift, vergehen Monate. In der Zwischenzeit, oder wenn Ihr Hausarzt keine generellen behandelbaren gesundheitlichen Ursachen ausfindig machen kann, müssen Sie sich anders behelfen.

Bei leichten Schweißhänden können Sie Folgendes versuchen: Stemmen Sie Ihre Hand bis kurz vor dem Handschlag in die Seite, so dass Sie sie unauffällig an Ihrer Kleidung abtrocknen können. Eine andere Methode zum Abtrocknen ist es, ein Taschentuch in der Jackentasche zusammenzuknüllen. Das geht natürlich nur, wenn Sie eine Jacke tragen. Halten Sie den Handschlag eher kurz und nicken Sie gleichzeitig mit deutlichem Gesichtsausdruck, so dass Sie visuell vom Handschlag ablenken.

Falls Sie den Eindruck haben, das sei nicht genug, und wirklich unter ihren schwitzenden Händen leiden, gibt es medizinische Verfahren, die sich bewährt haben, etwa die Behandlung mit Aluminiumchlorid, eine Behandlung mit elektrischem Strom (die Leitungswasseriontophorese), das Spritzen von Botox oder eine Operation zur Durchtrennung von bestimmten zu den Händen führenden Nerven (endoskopische transthorakale Sympathektomie).

Die eiskalte Hand

Auch eine eisige Hand kann dem Gegen-über leichte Schauer über den Rücken ja-gen. Warnen Sie also, wenn Sie chronisch oder akut sehr kalte Hände haben, ruhig verbal vor, damit das Gegenüber sich wapp-nen kann. Wenn Sie aber ansonsten recht lebendig wirken, ist dieses "Problem" der kalten Hand auch tatsächlich eher ein klei-nes. Wer weiß, an heißen Sommertagen mag Ihre Hand sogar besonders beliebt zur Abkühlung sein...

Die unsaubere Hand

Die erste und einfachste Regel hier lautet: Vermeiden Sie ungewaschene Hände. Das schulden Sie Ihren Mitmenschen einfach. Aber natürlich ist es im Leben nicht immer so einfach. Wenn Sie beruflich bedingt mit färbenden Substanzen oder zum Beispiel Schmieröl zu tun haben, können Sie nicht zu jeder Zeit einwandfreie Hände haben. Sie wollen ja auch wiederum keine Hautprobleme durch übertriebenes Schrubben und Waschen verursachen.

Es kann auch durch unvorhergesehene Ereignisse oder besondere Umstände, Hunde oder auch durch Kinder, dazu kommen, dass eine Hand nicht so sauber ist wie sie der Besitzer gerne sähe. In diesem Fall ist es natürlich die Pflicht eines jeden, diesen Zustand so schnell es geht mit Wasser und Seife zu verändern. In der Zwischenzeit aber sollte dringend vermieden werden, andere Menschen zu berühren, und das schließt natürlich das Händeschütteln mit ein.

Je nachdem in welcher Situation Sie sich genau befinden, lässt sich das Händeschütteln entweder gut ohne weitergehende Erklärungen vermeiden, siehe hierzu auch das Kapitel "Alternativen zum Handschlag", oder Sie müssen die Flucht nach vorn wagen. Im letzten Fall sprechen Sie also geradeheraus an, dass Sie gerade dreckige Hände haben und deshalb leider jetzt auf das Händeschütteln verzichten wollen.

Glauben Sie mir, Ihr Gegenüber wird es Ihnen danken! Nähere Informationen sind nicht nötig, im Zweifel geht es den anderen nichts an und er will es wahrscheinlich auch gar nicht so genau wissen. Wesentlich

schlimmer wäre es, einen klebrigen Händedruck zu geben, bei dem sich der andere danach wiederum die Frage stellt, wo er sich
hier möglichst schnell die eigenen Hände
waschen kann.

Die kranke Hand

Unter Umständen kann es vorkommen,
dass Ihre Hand nicht so makellos ist, wie Sie
sich das wünschen würden. Ein Ausschlag,
Ekzem, oder andere Hautveränderungen
können einen Handschlag für Sie unangenehm machen, weil Sie sich für Ihre Hautprobleme schämen, und für Ihr Gegenüber,
weil es sich eventuell die Frage stellt, ob das
betreffende Problem ansteckend sein könnte.

Während der Dauer Ihrer Hautprobleme
sollten Sie also bestenfalls die Vermeidungs-
strategien anwenden, die im Kapitel "Alternativen zum Handschlag" aufgeführt sind.
Eine weitere Möglichkeit wäre es, Handschuhe zu tragen und kurz anzumerken, dass Sie
diese auf Grund von akuten Hautproblemen
gerne anbehalten wollen.

Das geht aber natürlich nur bei nicht zu warmer Witterung. In jedem Fall sollten Sie dann ein paar Worte zu ihren behandschuhten Händen verlieren, weil es unkommentiert unhöflich wäre, die Handschuhe beim Handschlag an zu lassen. Ohne Erklärung wäre die erste Interpretation nämlich, dass Sie ihr Gegenüber lieber nicht berühren wollen oder für den anderen noch nicht einmal die Zeit aufwenden wollen, sich die Handschuhe auszuziehen.

Handhygiene

Wie schon im Abschnitt "Die dreckige Hand" angeklungen, ist mit dem Thema Handschlag die Handhygiene untrennbar verbunden. Man möchte niemandes Hand schütteln, dem man ein gewisses Maß an Hygiene nicht zutrauen kann, und umgekehrt gilt natürlich genauso, dass man niemandem zumuten sollte, seine eigene, ungewaschene Hand zu schütteln.

Auch außerhalb von Zeiten mit besonderen Anforderungen an die Hygiene wie während einer Pandemie ist regelmäßiges Händewaschen unabdingbar. Beim Betreten der eigenen vier Wände sollte das Waschen der Hände mit Seife Routine sein. Ebenso vor dem Essen, gegebenenfalls auch danach, falls es sich um Fingerfood handelte, und, das steht hoffentlich außer Frage, ohne Ausnahme nach dem Toilettengang.

Leider kommt kaum jemand umhin, ab und zu zu beobachten, wie jemand auf einer öffentlichen Toilette oder Restauranttoilette nach Verlassen der Kabine zwar kurz den Spiegel konsultiert und vielleicht noch die Frisur richtet, aber keine Anstalten macht, auch das Waschbecken und die Seife zu benutzen. Natürlich wird jeder es tunlichst vermeiden, dieser Person in der darauf folgenden Zeit die Hand zu geben.

Man möchte eigentlich meinen, dass derartig grundlegende Hygieneregeln zum absoluten Standard des Verhaltensrepertoires jedes Einzelnen gehören - aber wie leider häufig im Leben legen einige Personen andere Maßstäbe an die eigene Person als an andere.

Gerade in einem für das Thema Hygiene sensiblen Bereich wie der Medizin ist die Frage nach der Notwendigkeit des Handschlags schon längere Zeit aktuell. Schon in einer Forsa-Umfrage von 2014 gaben 55 Prozent der deutschen Bundesbürger an, in Arztpraxen und Kliniken lieber auf das Händeschütteln verzichten zu wollen.

Hier sind es klar hygienische Bedenken und vermutlich weniger die Ablehnung des meistens ja nicht persönlich bekannten Arztes, der vor einem steht, die zu einem solchen Umfrageergebnis geführt haben.

Wem gebe ich also gerne die Hand, wem nicht? Neben der unterstellten Hygiene gibt es noch andere Faktoren, die einen hemmenden Einfluss auf die Bereitschaft haben, jemand anderem die Hand zu reichen. In keinem Fall aber sind es positive. Wer nicht die Hand geben möchte, signalisiert damit deutlich Vorbehalte, welcher Art auch immer.

Neben Vorbehalten die Hygiene des Gegenübers betreffend könnte es sich auch um persönliche Abneigung, Geringschätzung oder zumindest Desinteresse handeln. Diese Interpretationen sind so offensichtlich, dass mit dem Verweigern des Handschlags in der Regel auch genau dieser Eindruck in Kauf genommen wird. Im zivilisierten Umfeld wird es eher selten zu einer entsprechenden Situation kommen.

Sind Sie aber Verfechter der "no-hands"-Bewegung und wollen dem Infektionsschutz zuliebe keine Hände schütteln, sollten Sie dringend nach dem Motto "Angriff ist die beste Verteidigung" agieren und möglichst schnell verlautbaren, was Sie von dieser Art des Kontaktes halten. Um es positiv zu formulieren, können Sie natürlich auch die von Ihnen gewählte Alternative anpreisen. Es muss nur klar werden, dass Sie nicht aus Abneigung Ihrem Konversationspartner gegenüber, sondern aus allgemeiner Vorsicht auf das Händeschütteln verzichten wollen.

Alternativen zum Handschlag

Wer aus Gründen der Hygiene oder einfach aus persönlicher Neigung heraus in alltäglichen Situationen auf den Handschlag verzichten möchte, dem bieten sich unterschiedliche Alternativen an, um einer Begrüßungs- oder Verabschiedungssituation einen schönen Rahmen zu verleihen. Wem es nicht um Hygiene geht, der ist in der Wahl seines Begrüßungsritus naturgemäß weniger eingeschränkt.

Im Pandemiejahr 2020 entwickelten sich schnell aus der Not heraus einige interessante Alternativen zum klassischen Handschlag. Beispielsweise gaben sich Menschen nicht die Hand, sondern berührten kurz ihre ausgestreckten Füße, oder touchierten die Ellenbogen. Beides sollte verhindern, Viren per Schmierinfektion oder über die Luft zu übertragen.

Aus hygienischer Sicht ist die Variante mit den Füßen klar zu bevorzugen - der Abstand zwischen den Personen ist hierbei noch größer, außerdem benutzt man die Armbeuge schließlich auch, um hinein zu niesen. "Abstand ist der neue Anstand" war der Pandemie-Slogan.

Der generellen Alltagsfunktion des Handschlages werden alle diese Ersatzhandlungen gerecht - man würdigt den anderen explizit, besieht ihn mit der ihm zustehenden Portion Aufmerksamkeit und macht sich gleichermaßen auch selbst bemerkbar. Als ritueller Rahmen einer Begegnung werden auch hier Anfang und Ende eines Treffens markiert.

Subkulturelle Besonderheiten

Auch schon vor der letzten Pandemie gab es Variationen des Handschlags, die in verschiedenen Subkulturen die Gruppenzugehörigkeit anzeigen. Pfadfinder beispielsweise geben sich mit der Linken die Hand, was, wenn man es nicht gewöhnt ist, sich sehr merkwürdig anfühlt (probieren Sie es einmal aus!). Ein anderes Beispiel ist der "Fist Bump" bei der sich quasi leicht gegenseitig gegen die geschlossene Hand geboxt wird.

Aus hygienischer Sicht ist diese jedenfalls wieder dem klassischen Handschlag vorzuziehen, weil die Kontaktfläche kleiner ist und man den Handrücken seltener gebraucht.

Oder auch die vielfältigen Ausprägungen der gruppenspezifischen Begrüßungsrituale, die sich von Clique zu Clique unterscheiden können und nur dem Eingeweihten gänzlich bekannt sind. Hier reicht die Bandbreite von Schütteln, über Einhaken der Finger, zu Umgreifen und sogar Schnipsen mit Hilfe der Hand des Gegenübers.

Dass diese Art gruppenspezifischer Begrüßung ganz dramatische Relevanz erlangen können, zeigte sich zur Zeit der NS-Diktatur, als sich Mitglieder des Widerstandes teilweise durch ein geheimes Zeichen beim Handschlag zu erkennen gaben: Sie spreizten den kleinen Finger ab. Dieser Hinweis ist nur bemerkbar, wenn beide Beteiligten den Finger abspreizen und dadurch ein halbwegs sicheres Erkennungszeichen.

Begrüßung größerer Gruppen

Gerade in größerer Runde bieten sich aber auch andere symbolkräftige Handlungen zur Begrüßung und zum Abschied an. Ein Klopfen auf den Tisch erzeugt ebenfalls Aufmerksamkeit, die dann zum Beispiel für eine kurze Abschiedsformel benutzt werden kann.

Winken, Nicken, Lächeln bietet sich in einem noch überschaubaren Umfeld an, wenn nicht auf akustische Hilfsmittel zurückgegriffen werden muss, um Aufmerksamkeit zu erlangen. Beide Versionen haben den Charme, viele Personen gleichzeitig zu behandeln und sich und anderen mühseliges Durchkämpfen mit Einzelbegrüßungen zu ersparen. Gleichzeitig erspart man sich eventuell unerwünschten Körperkontakt.

Kontaktlose Begrüßungen

Wer Körperkontakt grundsätzlich und auch vis-a-vis möglichst gering halten möchte, ob während einer Pandemie oder danach, hat natürlich noch mehr Möglichkeiten als die neuartigen Formen der Fuß- und Ellenbogenbegrüßung. Aus heutiger Sicht wirkt eine Verbeugung zwar leicht antiquiert, kann aber, vielleicht in abgemilderter Form als angedeutete Verbeugung, hervorragende Dienste leisten, wenn man das Händeschütteln vermeiden möchte.

Aufgrund der anachronistischen Anmutung wird der Verbeugung eher noch mehr vermittelte Wertschätzung zugesprochen als dem Handschlag per se. Um der Verbeugung noch mehr Würde zu verleihen und gleichzeitig die Hand zu verwenden (die dann für alle ersichtlich auch nicht zum Schütteln zur Verfügung steht), kann auch noch die rechte Hand aufs Herz gelegt werden.

Wer rechtzeitig, das heißt, in größerem Abstand zu den zu begrüßenden Personen, die Arme ausbreitet und die Handflächen nach oben richtet, signalisiert damit ein herzliches Willkommen. Damit eine Verwechslung mit einer Einladung zur Umarmung aber ausgeschlossen werden kann, muss diese Geste auch rechtzeitig wieder durch Absenken der Arme beendet werden. Also bevor das Gegenüber wirklich in Reichweite kommt.

In anderen Kulturen als der heimischen sind sowieso kontaktlose Begrüßungen zwischen Fremden der Standard. Das Indische "Namaste" beinhaltet ein Berühren der eigenen Handflächen vor der Brust und ein Kopfsenken, eine in China verbreitete Begrüßung besteht aus einem Ineinanderlegen der ebenfalls eigenen Hände vor dem Bauch, als würde man die eigene Faust umfassen. Auch in Japan begrüßt man sich traditionell ohne Berührung durch eine Verbeugung.

Drumherum um die Hand

Auch beim Handschlag gibt es ein gewisses Drumherum, das nicht vernachlässigt werden sollte. Wohin geht der Blick beim Händeschütteln? Wie ist der Körper ausgerichtet? Was sind angemessene Worte, was nicht? Brauche ich eine professionelle Maniküre um einen guten Eindruck zu machen? Was mache ich mit Handschuhen beim Händeschütteln?

Blickrichtung

Im Kapitel "Der angenehme Handschlag" wurde bereits auf die Bedeutung des direkten Blickkontaktes hingewiesen. Wenn Sie einen guten Eindruck machen wollen, vor allem einen guten ersten Eindruck, führt kein Weg an einem direkten Blickkontakt vorbei. So lange, wie Ihr Händedruck und Ihre Begrüßungsformel dauert, sollten Sie auch mindestens in die Augen des Gegenübers sehen. Danach wenden Sie sich ruhig dem nächsten in der Reihe, oder einem anderen

Gegenstand zu, je nachdem, was die Situation gerade erfordert.

Vermeiden Sie in jedem Fall ein frühzeitiges Wegsehen, sonst gewinnt der andere den Eindruck, Sie wollten sich nicht mehr Zeit für ihn nehmen als unbedingt notwendig. Vermeiden Sie aber bitte auch das andere Extrem, nämlich Starren. Spätestens wenn der andere den Blick von Ihren Augen löst, ist das ein guter Zeitpunkt, auch selbst weg zu sehen.

Körpersprache

Ziel jeden Handschlags ist es, das, worum es gerade geht, zu bekräftigen - auch wenn es "nur" eine Begrüßung sein sollte. Die restliche Körpersprache sollte sich also harmonisch in den Gesamtkontext einfügen. Eine Begrüßung, bei der mein Oberkörper abgewandt ist, ich also quasi im Vorbeigehen die Hand ausstrecke, ist keine richtige Begrüßung, sondern ähnelt mehr einer ungeliebten Pflichtübung, derer man sich schnellstmöglich wieder entledigen möchte. Auch beim Begrüßen mehrerer Personen nacheinander ist es also unumgänglich, sich der Reihe nach jedem mit dem gesamten Körper zuzuwenden! Nur so wird die angemessene Wertschätzung vermittelt. Wenn dazu keine Zeit ist, sollte man lieber ganz auf das Händeschütteln verzichten.

Die Haltung ist dabei gerade, höchstens ein wenig, eine Verbeugung andeutend, nach vorne geneigt. Tunlichst zu vermeiden ist eine nach hinten gelehnte Haltung mit zwangsweise weit nach vorne gerecktem Arm! Diese würde sofort als ablehnend oder zurückweichend interpretiert werden. Jemandem die Hand zu reichen, bedeutet auch, im übertragenen Sinne auf ihn zuzugehen. Sich gleichzeitig zurückzulehnen sendet sehr widersprüchliche Signale.

Wenn Sie den positiven Eindruck beim Handschlag perfektionieren wollen, nicken Sie auch noch gleichzeitig zum Händedruck. Ob Sie dabei lächeln wollen, bleibt ihrem Geschmack überlassen. Tun Sie es nicht, falls Sie glauben, dass das nun langsam zu viel des Guten wäre. Tun Sie es aber auf jeden Fall, wenn ihr "neutraler" Gesichtsausdruck von anderen als negativ empfunden wird. Das können Sie wiederum nur mit einem Lächeln korrigieren.

Wortwahl

Die den Handschlag begleitenden Worte sollten sich wieder direkt auf den Kontext beziehen und im Rahmen dessen kurz und knapp ausfallen. Machen Sie nicht den Fehler, beim Händeschütteln schon Konversation betreiben zu wollen, und dabei das Beenden des Handschlags zu vergessen! Sonst landen Sie schnell in der bereits beschriebenen Grüßonkel-Ecke. Mehr Zeit als eine kurze Begrüßungsformel und ihr Name beanspruchen haben Sie für gewöhnlich nicht. Belassen Sie es also dabei. Bei Gratulationen genügt das "herzlichen Glückwunsch" oder Ähnliches - alles andere folgt im Anschluss, nachdem alle ihre Hände wieder bei sich haben.

Maniküre

Keine Sorge, Sie müssen nicht wöchentlich zur Maniküre, um gepflegte Hände zu haben. Wenn Sie das wollen, und sich leisten können, machen Sie es natürlich gerne! Aber es gibt auch simplere Mittel und Wege um einem ungepflegten Eindruck vorzubeugen. Wie im Kapitel "Der unangenehme Handschlag" bereits angeklungen, sollte es das erklärte Ziel sein, niemandem durch einen unhygienisch wirkenden Handschlag, der sich aus Gründen der Höflichkeit dann aber schlecht ablehnen lässt, zur Last zur Fallen.

Die absolute Basis gepflegter Hände bildet also der Einsatz von Wasser und Seife, bei Bedarf auch die Benutzung einer Nagelbürste. Mit Letzterer lassen sich gröbere Schmutzrückstände von Hand und Nägeln schrubben. Besonderes Augenmerk sollte dabei auf den Fingernägeln, vor allem dem Bereich unter den Fingernägeln liegen. Hier verfängt sich gerne Erde oder Dreck, wenn man damit in Berührung gekommen ist. Schrubben Sie ruhig herzhaft darauf los. Die beste Taktik ist eine Hin-und-Her-Bewegung, die die Kante der Nägel entlangfährt. Wer danach das Gefühl hat, seine Nägel oder Haut zu stark strapaziert zu haben, oder aus anderen Gründen unter rauen Händen leidet, benutzt eine Handcreme. In schwierigen Fällen kann man diese auch, unter Baumwollhandschuhen, über Nacht einwirken lassen.

Schneiden Sie Ihre Nägel nicht nur, sondern feilen Sie sie danach auch glatt! Mit glattgeschmirgelten Kanten laufen Sie nicht Gefahr, aus Versehen irgendwo hängen zu bleiben oder jemanden zu kratzen. Wenn Sie Hornhaut oder Schwielen haben, und sie gerne loswerden wollen, können Sie regelmäßig ein Peeling anwenden. Dieses lässt sich zum Beispiel einfach aus Zucker und Olivenöl herstellen und wird nach dem Einmassieren lediglich wieder mit Wasser abgespült.

Alles Weitere ist eine reine Frage des Geschmacks. Wenn Sie gerne Nagellack tragen, oder Kunstnägel, achten Sie aber darauf, dass der Lack nicht unschön abblättert oder die künstlichen Nägel herausgewachsen sind!

Handschuhe

Handschuhe sind ein wunderbares Accessoire, und in der kalten Jahreszeit unverzichtbar, wenn man trockene Hände vermeiden möchte. Sobald es allerdings zum Handschlag kommt, sollten sie aus Höflichkeit, zumindest kurzzeitig, ausgezogen werden. Einzige Ausnahme bilden Begegnungen draußen bei derartig niedrigen Temperaturen, dass auch kurzes Ausziehen der Handschuhe zu viel verlangt wäre. In diesem Fall ist es in Ordnung, sich auch die behandschuhten Hände zu reichen.

Muss das sein?

Einige Menschen haben sich sicher schon vor dem Jahr 2020 gefragt, ob das ständige Händeschütteln so zwingend notwendig ist. Es gibt Situationen, in denen man eventuell keine Hände schütteln möchte, oder Menschen, denen man nicht die Hand reichen will. Auf der einen Seite ist das natürlich schade, wegen der verbindenden Geste, die somit ausfällt, auf der anderen Seite kann und will aber nicht jeder zu jeder Zeit über seinen eigenen Schatten springen und auch auf Menschen zugehen, denen er ablehnend gegenüber steht.

Es gibt viele alltägliche Situationen, in denen getrost auf das Hand geben verzichtet werden kann. Entsprechende gute Alternativen sind bereits im entsprechenden Kapitel beschrieben worden. In den besonderen Situationen, in denen dem Handschlag besondere Bedeutung zukommt, also zum Beispiel bei der Gratulation, oder dem Vertragsschluss, wird sich nicht so leicht darauf verzichten lassen. Wenn Sie in solchen besonderen Situationen eine Abneigung gegen das Hand geben verspüren, wird sich vermutlich auch ein besonderer Grund dahinter verbergen. Hinterfragen Sie also ruhig Ihr intuitives Empfinden.

Haben Sie den Eindruck, der andere hat die Gratulation nicht verdient, etwa weil er betrogen hat um das zu erreichen, wofür ihm jetzt gratuliert wird? Vertrauen Sie Ihrem Geschäftspartner eigentlich nicht? In diesen und vielen ähnlichen Fällen stimmt ihr persönlicher Eindruck nicht mit Ihrer äußeren Handlung überein, wenn Sie die Hand reichen. Um authentisch zu bleiben, müssten Sie es also bleiben lassen.

Das wird natürlich nicht unbemerkt und auch nicht ohne Folgen bleiben. Nicht die Hand zu reichen, wenn der Andere es eigentlich erwartet, stellt zunächst einen Affront dar. Aus diesem Grund sollte ja auch, wie bereits beschrieben, erklärt werden, wenn es aus sachlichen Gründen gerade nicht möglich ist. Wenn die Gründe allerdings eher im persönlichen Befinden als im sachlichen Grund liegen, wird es der zwischenmenschlichen Beziehung nicht zuträglich sein, sie direkt zu verbalisieren.

Allgemein gesagt kann man nur dazu raten, den Umgang mit Personen, denen man nicht einmal die Hand reichen möchte, nach Möglichkeit zu vermeiden. Damit umgeht man das Problem, entweder nicht authentisch oder unhöflich zu sein. Spitzfindig könnte man natürlich anmerken, dass es einem im Grunde auch egal sein kann, was eine Person von einem hält, die man persönlich so gering schätzt, dass man ihr nicht die Hand geben will. Das würde das Argument entkräften, es sei unhöflich, nicht die Hand zu geben und klar für unbeugsame Authentizität sprechen.

Derartige entweder / oder Fälle sind allerdings eher hypothetischer Natur. In der Praxis wird sich eine grundlegende Diplomatie vermutlich eher bezahlt machen. Denn zwischen höflichem, aber widerwilligem Händeschütteln, und deutlicher Verweigerung des Handschlags, befindet sich natürlich, wie immer im Leben, auch noch eine große Grauzone, die sich nach eigenem Gutdünken ausgestalten lässt. Sie könnten die Gratulation, von der Sie nicht ganz überzeugt sind, zum Beispiel zum (gegebenenfalls ironischen) Schulterklopfen abmildern.

Auch verbal reicht es völlig, das Ergebnis zu würdigen, auch wenn Sie vermuten, dass wenig Leistung dahinter steht. Beim Ver-

tragsschluss, bei dem Sie noch ein unsiche-
res Gefühl haben, greifen Sie statt der Hand
die Unterlagen und vermitteln freundlich, alles in Ruhe noch einmal lesen zu wollen und
eine Nacht darüber zu schlafen, bevor Sie
Ihre Unterschrift setzen. Wenn Sie danach
beruhigt sind, können Sie am nächsten Tag
mit gutem Gewissen sowohl die Unterlagen
übergeben als auch dem anderen die Hand
reichen.

In diesen und vielen anderen Fällen zahlt
es sich aus, ruhig etwas kreativ zu sein und
nicht im Schema Handschlag geben / Handschlag verweigern zu verharren. Es gibt viele weitere Möglichkeiten sich zu verhalten,
mit denen Sie sich weder verbiegen noch
sich Feinde machen müssen. Manchmal
kann Sie auch eine größere Zahl anderer
Menschen retten, die, zum Beispiel für Ge-
burtstagswünsche, einen Ihnen eher unsym-
pathischen Menschen, mit dem Sie aber
zwangsweise umgehen müssen (zum Beispiel am Arbeitsplatz), umgeben. Über die
Menschentraube hinweg können Sie getrost
Zunicken und es dabei belassen. Achten Sie
aber darauf, dass der Jubilar zumindest mit-
bekommt, dass Sie ihn nicht ignoriert haben. Damit haben Sie einen schönen

Mittelweg beschritten, der noch als höflich durchgeht, aber keine falsche Verbundenheit signalisiert, die nicht existiert.

Aber zurück zum Handschlag zur Begrüßung. Vielleicht ist es weder Antipathie, noch ein sachlicher Grund wie die Hygiene, der jemanden zu einer kritischen Haltung gegenüber dem Handschlag verleitet. Eventuell ist es die reine Ablehnung eines so alten, eventuell ja auch veralteten, und gegebenenfalls als steif empfundenen Begrüßungsrituals.

Auch im interkulturellen Kontext mag man Irritationen vorbeugen, wenn man nicht in deutscher Manier mit ausgestreckter Hand auf die anderen zustürmt. Es empfiehlt sich natürlich, sich im Vorfeld mit lokalen Gepflogenheiten auseinanderzusetzen, wenn man einen Auslandsaufenthalt plant. In jedem Fall aber leistet einem gute Dienste, was Anna Zissler in ihrer 2020 erstellen Masterarbeit zum Thema Irritationen bei Begrüßungen resümiert: Die unmissverständlichste Geste im internationalen Begrüßungskontext ist das freundliche Lächeln. Damit liegen Sie im Grunde nie daneben.

Quellen

von Arnim, A., Brentano, C.: Des Knaben Wunderhorn. Bd. 1. Heidelberg, 1806.

Chaplin, W. F., Phillips, J. B., Brown, J. D., Clanton, N. R., & Stein, J. L. (2000). Handshaking, gender, personality, and first impressions. *Journal of personality and social psychology*, *79*(1), 110.

Doelfs, G. (2014). Patient will keinen Handschlag. *kma-Klinik Management aktuell*, *19*(07), 12-12.

Frumin, I., Perl, O., Endevelt-Shapira, Y., Eisen, A., Eshel, N., Heller, I., ... & Sobel, N. (2015). A social chemosignaling function for human handshaking. *Elife*, *4*, e05154.

Happel, E. W.: Der Academische Roman. Ulm, 1690.

Schroeder, J., Risen, J. L., Gino, F., & Norton, M. I. (2019). Handshaking promotes deal-making by signaling cooperative intent. *Journal of Personality and Social Psychology, 116*(5), 743–768.

Stewart, G. L., Dustin, S. L., Barrick, M. R., & Darnold, T. C. (2008). Exploring the handshake in employment interviews. *Journal of Applied Psychology, 93*(5), 1139–1146.

Zissler, A. H. *Handschlag, Umarmung oder Wangenkuss? Eine Feldforschung über Irritationen bei Begrüßungen in einer Berliner Wohngemeinschaft* (Masterarbeit, Karl-Franzens-Universität Graz).

Zeitfracht Medien GmbH
Ferdinand-Jühlke-Straße 7
99095 Erfurt, Deutschland
produktsicherheit@kolibri360.de